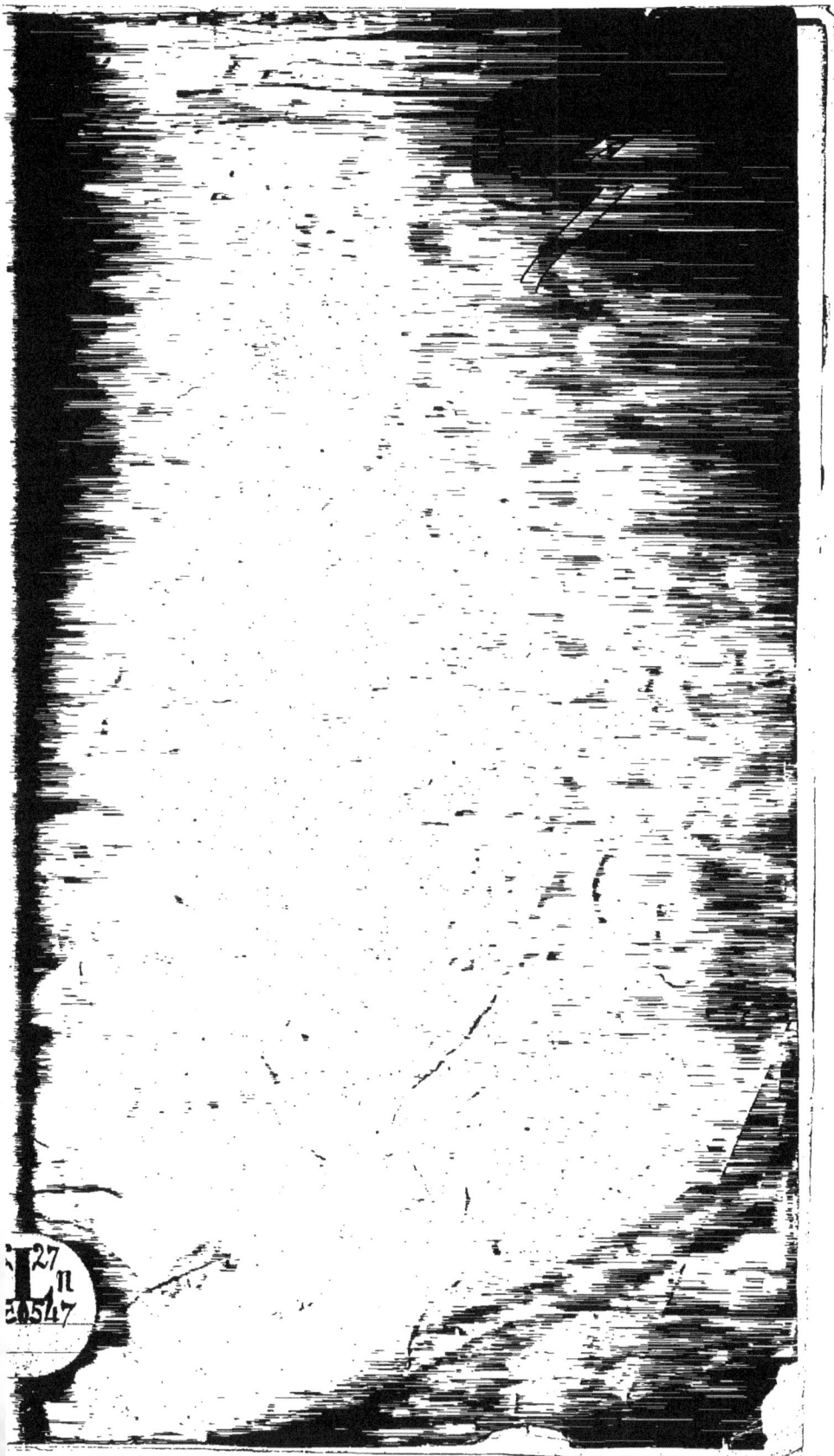

ALLOCUTION

PRONONCÉE

A L'OCCASION DU MARIAGE

et de Mlle

DANS L'ÉGLISE DE SAINT-DENIS, A MONTPELLIER

Le   187

MONTPELLIER

Typographie de Pierre Grollier, rue du Bayle, 10

1877

ALLOCUTION

PRONONCÉE

A L'OCCASION DU MARIAGE

De M.   et de Mlle

Monsieur et Mademoiselle,

Quel est le sens de la résolution qui vous amène, à cette heure, au pied des autels? Pourquoi avez-vous convié vos familles à cette douce solennité? Pourquoi m'avez-vous invité à être le témoin de votre démarche? Laissez-moi vous rappeler, au nom de l'Église, dont vous avez bien voulu que je fusse l'organe et le représentant dans cette circonstance, la portée de l'acte que vous venez accomplir.

Vous venez d'abord répondre à l'appel de Dieu,

vous obéissez à une vocation. Ici, vous tous, mes frères bien aimés qui m'écoutez, ne sentez-vous pas le besoin de vous recueillir un instant avec moi devant un des plus religieux et des plus profonds mystères de la destinée?

Deux êtres vivent inconnus l'un à l'autre. C'est un jeune homme, retiré du monde autant que les fonctions de son état le lui permettent, et goûtant paisiblement, sous le toit domestique, les douceurs de l'affection fraternelle. C'est une jeune vierge qui charme sa solitude par la prière, le dévouement filial et la pratique des vertus modestes, sous l'œil d'une mère tendre et pieuse, auprès d'une tante qui la chérit comme une mère, et d'une sœur bien aimée.

Ces deux êtres, si complétement étrangers l'un à l'autre, qui ne savent rien de ce qui les concerne, marchent cependant, sans s'en douter et sous le regard de Dieu, à une rencontre. Ils ne se sont jamais vus, ils ne se cherchent point, ils ne s'attendent point, et cependant, lorsque, par l'inspiration d'un de ces anges terrestres que Dieu choisit pour l'entremise de ses desseins, ils se trouvent pour la première fois face à face, ils se reconnaissent en quelque sorte. Que dis-je? ils se reconnaissent si bien, qu'aussitôt, sans obstacles, sans hésitation, sans effort, ils se mettent la main dans la main, et s'en vont avec assurance jusqu'à l'autel, comme au but indiqué par la Providence. Ah! ce que le Seigneur fait est bien fait, et le proverbe populaire est vrai : *Les mariages des enfants de Dieu sont écrits dans le ciel.*

Monsieur et Mademoiselle, Dieu avait marqué le vôtre dans le livre d'or des familles chrétiennes. Il l'a voulu; adorez en silence, dans un sentiment de gratitude et d'amour, ses voies admirables, la marche de ses desseins, toujours miséricordieux pour nous! Oui, Dieu a voulu votre mariage; là est la garantie de sa prospérité. Vous l'aurez donc, ce Dieu, toujours près de vous; sa protection, semblable *au nuage lumineux qui couvrait le tabernacle,* planera sans cesse au-dessus de l'union ménagée par lui; et, pendant que vous marcherez ensemble, appuyés sur le bras l'un de l'autre, il vous éclairera dans les obscurités, vous fortifiera dans les épreuves, et vous dirigera dans ses sentiers, jusqu'au terme où son amour vous attend pour vous recevoir et vous couronner.

Qu'êtes-vous venu faire encore au pied de ces autels? Qu'est-ce que ce mariage auquel vous aspirez? C'est un contrat, un contrat solennel, irrévocable; non pas seulement un contrat purement naturel, semblable à celui qui constitua la première des familles humaines; non pas un contrat purement civil, stipulant des avantages réciproques, réglant des concessions mutuelles et plaçant les droits respectifs des époux sous la garantie des lois; c'est un engagement sacré, comme l'autel qui en est le dépositaire, un engagement saint, comme le Dieu qui le reçoit; c'est une alliance surnaturelle, où le ciel intervient comme témoin et garant de la fidélité des promesses; « c'est un contrat, dit Tertullien, que l'Église approuve, que l'adorable sacrifice confirme, que la bénédiction consacre, que les anges proclament, que l'Éternel ratifie du haut des cieux. »

Et pour augmenter la solennité de cette alliance, vous en avez multiplié les témoins. Vous avez convié à ce doux banquet de l'amour chrétien que vos deux âmes célèbrent si délicieusement à cette heure, vos différentes familles et vos plus intimes amis. Les voilà qui invoquent tous le Seigneur et lui rendent grâce de votre bonheur, en le partageant.

Plusieurs membres, il est vrai, manquent dans le faisceau de cœurs amis serrés autour de vous, ou plutôt paraissent manquer, car leurs pensées sont avec vous. J'entends par là ceux que la distance ou toute autre cause retient et qui vous envoient leurs vœux; j'entends ceux-là surtout qui ont émigré vers ces régions fortunées d'où la félicité ne permet plus à personne de descendre.

Que j'aime à me les représenter, penchés tous ensemble sur vous du haut des demeures éternelles, témoins de vos serments, émus de vos émotions et joyeux de vos joies! Non, les êtres qui s'en vont ne brisent pas avec la terre; ils gardent fidèles, inaltérables, celles de leurs affections qui ont pu remonter là-haut, parce que, pures et légitimes, elles ont eu dès ici-bas quelque chose de céleste et d'immortel.

Enfin, ce contrat que vous allez conclure a été

élevé par le Sauveur à la dignité de sacrement. Il n'a même de valeur et d'existence qu'en tant qu'il est sacrement. C'est l'immortelle gloire du Christ d'avoir relevé et placé le mariage à ce degré d'honneur et de pureté qui le range parmi les institutions les plus saintes. C'est le sacrement dont l'apôtre saint Paul a proclamé la *grandeur*, parce qu'il est le mystérieux symbole de l'indissoluble union entre le Christ et l'Église ; c'est le sacrement que saint Ambroise qualifie de *céleste*, que saint Augustin nomme *le sacrement de l'unité*, et que le doux et pur saint François de Sales appelait *le saint mariage*. Or, en imposant de graves devoirs, ce sacrement confère en même temps la grâce de les remplir ; il sait adoucir et faire aimer le joug qu'il consacre.

Le mariage que vous allez contracter est donc une vocation, une alliance, un sacrement.

A cette vocation de Dieu, qui vous promet son aide, vous répondrez, futurs époux, par une persévérance fidèle à toutes les obligations réciproques que sa bonté vous impose. Vous vivrez dans un amour sans partage et dans une vertu sans reproche. Vos joies ne seront jamais indignes de vous, et vous ne regarderez la terre que comme le passage à cette vie bienheureuse où, confondues en Dieu, vos âmes commenceront cette union dont celle d'ici-bas n'est qu'une faible image. Et s'il plaît à Dieu de vous faire revivre dans d'autres vous-mêmes, vous n'oublierez point que c'est uniquement pour le recrutement de ses élus, pour hâter l'édifice de la Jérusalem d'en haut, que l'Église bénit les mariages chrétiens.

Dans ce contrat, cette alliance sainte que vous allez conclure, donnez-vous réellement tout entiers l'un à l'autre. La vie conjugale, même avec les bénédictions d'en haut, n'est pas un *alleluia* perpétuel. Il est écrit, vous ne l'ignorez pas, qu'elle aura des tribulations inconnues à ceux qui sont appelés à vivre dans la solitude du cœur. Eh bien, comme au désert les voyageurs se tiennent par la main pour mieux résister à l'impétuosité de l'orage, soyez-vous dans vos perplexités, vos peines, vos périls, un secours mutuel, une consolation, une défense. Surtout allez à Dieu l'un par l'autre, et aidez-vous à porter généreusement le joug du Christ : *Pariter trahentes jugum Christi*. C'est la fin miséricordieuse que Dieu s'est proposée en vous appelant à l'état conjugal.

Et tous les secours nécessaires à l'accomplissement de ces graves devoirs de votre vocation et de votre alliance, c'est la grâce du sacrement qui va vous les obtenir, car Dieu proportionne toujours ses secours à nos besoins. Déjà vous vous êtes préparés par la prière et la pénitence à la grâce du sacrement de l'union. Avant de vous asseoir à ce banquet de vos noces sacrées, vous avez l'un et l'autre, je le sais, porté vos pas à la Table eucharistique. Il ne vous reste donc plus qu'à purifier et à sanctifier de plus en plus vos âmes par la vivacité d'un amour reconnaissant, qu'à vous unir aux prières admirables de l'Église et à ouvrir votre cœur tout entier aux bénédictions du Seigneur.

Mais laissez-moi cependant m'épancher un peu dans des paroles de félicitation et de joie. Oui, votre mariage m'apparaît sous les auspices les plus heureux, et si l'avenir se dérobe à nos regards, tout cependant paraît vous permettre de lui sourire.

Mademoiselle, il y a trop longtemps que je vis

dans l'intimité de votre futur époux pour paraître assez libre et assez désintéressé dans mes éloges. Pourquoi, cependant, ne me serait-il pas permis de rendre ici un témoignage à celui qui fut le confident de toutes mes pensées, mon meilleur conseil dans mes doutes, et dont le cœur aussi me fut ouvert? Non, je ne puis me refuser à moi-même cette consolation ; je me fais donc le témoin, devant ces autels, que ni la vertu ni la foi de ce chrétien n'ont jamais connu d'éclipse ; que, fidèle aux sentiments de délicatesse et d'honneur transmis par son respectable père à tous ses enfants, il n'a jamais oublié les exemples pieux de sa vertueuse mère, ni les principes religieux recueillis de la bouche et près du cœur du prêtre bon et dévoué qui soigna son enfance. Oui, Dieu soit loué! j'ai le bonheur, trop rare de nos jours, de bénir un mariage véritablement chrétien, d'unir des âmes qui ont toujours vécu et qui vivront toujours, j'en suis sûr, de la même foi et de la même espérance. Plus heureuse que tant d'autres, Mademoiselle, vous n'avez pas eu à mettre votre main et votre cœur au prix d'un retour à Dieu ; vous n'avez pas eu à consentir à une de ces capitulations qui, sans trop compromettre l'unité des cœurs, séparent les âmes par un abîme; vous n'avez pas eu à vous bercer de cette espérance, si souvent trompeuse : « Je le convertirai plus tard. » Comme l'Épouse des Cantiques, vous pourrez vous avancer dans la voie qui mène au ciel, *appuyée sur votre bien-aimé, innixa super dilectum*. Hélas! ce n'est presque plus la réalité; c'est, pour ainsi dire, l'idéal de l'amour chrétien.

En retour, ma chère sœur, vous chercherez à plaire à votre époux par tout ce qui est bien, vous partagerez ses peines comme il partagera les vôtres, vous serez le charme de sa vie par ces délicatesses dont les femmes vertueuses ont le secret et qui leur confèrent dans le ménage cet empire, cette royauté que leur refusent la nature, l'Église et les lois.

Et vous, mon bien tendre ami, mon cher frère, ai-je besoin de vous le dire? Vous l'aimerez comme vous-même, plus que vous-même, cette jeune chrétienne qui enchaîne avec tant d'abandon sa vie à la vôtre. Si bon et si aimant qu'il soit, dilatez encore votre cœur. Jamais vous n'atteindrez à la mesure que l'Apôtre propose à votre affection. *Sicut Christus dilexit Ecclesiam.* Comme le Christ a aimé son Église, qu'il a achetée de son sang, qu'il nourrit de sa propre chair, qu'il orne de ses grâces, qu'il entoure de sa jalouse protection, qu'il se prépare à couronner, à enivrer de délices inénarrables, lorsque de fiancée qu'elle est ici-bas, sur la terre d'exil, elle sera devenue réellement son épouse dans le ciel : ainsi l'époux, dit saint Paul, doit-il aimer son épouse.

Pardonnez-moi de trahir ici une de vos confidences : « Depuis que j'ai perdu ma mère, me disiez-vous, il y a quelques jours, j'ai chargé en quelque sorte la Sainte Vierge de me choisir elle-même une compagne, si Dieu me destinait au mariage. » Eh bien, vous êtes exaucé. Vous l'avez compris dès le moment qu'une vertueuse et noble chrétienne, une parente dont vous avez en si haute estime la prudence et la sagesse, est venue vous proposer de jeter les yeux sur cette jeune personne, comme sur le trésor que Dieu vous destinait. Les relations intimes de sa famille avec cette branche si honorable de la vôtre qu'une ville voisine regarde depuis si longtemps comme sa bienfaitrice et sa gloire, ont été pour vous un attrait puissant, une sûre garantie. Enfin, vous avez vu par vous-même, et vous avez reconnu celle que vous aviez demandé au ciel de vous choisir, l'épouse selon vos vœux et selon vos pensées. Et auprès d'elle vous n'avez rencontré que des cœurs bons et sympathiques, et une mère dont les vertus et la tendresse vous rappelleront la généreuse chrétienne qui fut la vôtre.

Et vous voici, mon cher frère et ma chère sœur, prosternés au pied de l'autel, prêts à vous donner, devant Dieu et pour toujours, les noms sacrés d'épouse et d'époux, noms mystérieux, plus doux et plus beaux à mesure qu'ils sont plus dégagés des ombres de la terre, noms que l'Esprit divin lui-même a choisis pour exprimer ses ineffables relations avec les âmes saintes, noms que le Verbe de Dieu et l'âme prédestinée se donneront éternellement l'un à l'autre dans les épanchements et les allégresses de la patrie.

Que les grâces d'en haut descendent donc sur vos deux têtes, dans leur plus riche abondance! Qu'elles franchissent les limites du présent et embrassent toutes les heures de votre avenir! Qu'elles suscitent un jour autour de votre table, comme le dit si gracieusement le Prophète, de jeunes tiges d'oliviers qui en fassent la joie et l'honneur : *Sicut novellæ olivarum!*

Que ces grâces ne s'arrêtent pas à vous seuls; mais que, pareilles à une pluie qui, sans perdre de sa force et de sa fécondité, s'écarte et arrose de vastes campagnes, elles couvrent tous ceux que, dans cette enceinte et au dehors, vous aimez et qui vous aiment, qui vous veulent du bien et vous souhaitent du bonheur, et qui vous le souhaitent avec toute l'ardeur de l'affection et toute la sincérité du désir! Qu'elles atteignent ceux de vos parents qui, loin d'ici, élèveront aujourd'hui pour vous au Seigneur leurs mains saintes et pures, soit dans la solitude du cloître, soit à l'autel!

Que la main du Dieu de Jacob et de Rachel, toujours bénissante, vous garde jusqu'à l'extrême vieillesse, jusqu'à l'instant où, comme deux épis mûrs, vous tomberez sans être tranchés, pour être mis dans les réserves du Père céleste! *Benedicat vos omnipotens Deus, Pater et Filius et Spiritus Sanctus. Amen.*

149

www.ingramcontent.com/pod-product-compliance
Lightning Source LLC
Chambersburg PA
CBHW060621050426
42451CB00012B/2362